mommy
妈妈
mā ma

daddy
爸爸
bà ba

boy
男孩
nán hái

girl
女孩
nǚ hái

1

one

一

yī

2

two

二

èr

3

three

三

sān

4

four

四

sì

5

five

五

wǔ

6

six

六

liù

7

seven

七

qī

8

eight

八

bā

9

nine

九

jiǔ

10

ten

十

shí

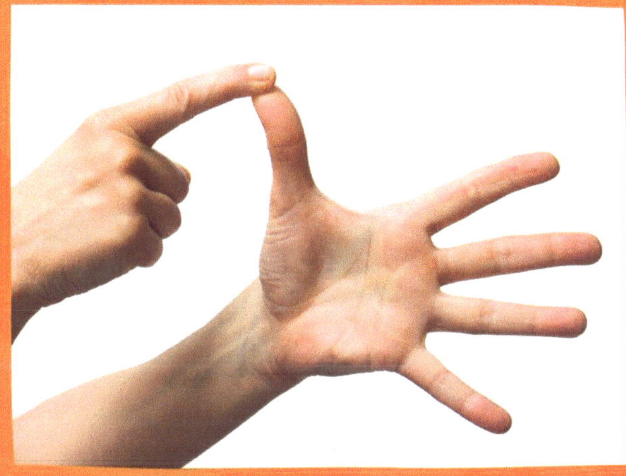

count

数

shù

write

写

xiě

draw

画

huà

paint

用颜料绘画

yòng yán liào huì huà

circle

圆形

yuán xíng

square

正方形

zhèng fāng xíng

rectangle

长方形

cháng fāng xíng

triangle

三角形

sān jiǎo xíng

star

星星

xīng xing

black

黑色

hēi sè

white

白色

bái sè

brown

棕色

zōng sè

red
红色
hóng sè

blue
蓝色
lán sè

yellow
黄色
huáng sè

green
绿色
lǜ sè

purple

紫色

zǐ sè

gray

灰色

huī sè

orange

橙色

chéng sè

pink

粉红色

fěn hóng sè

apple

苹果

píng guǒ

banana

香蕉

xiāng jiāo

pineapple

菠萝

bō luó

watermelon

西瓜

xī guā

pear
梨子
lí zi

grapes
葡萄
pú tao

mango
芒果
máng guǒ

peach
桃子
táo zi

strawberry

草莓

cǎo méi

cherry

樱桃

yīng táo

orange

橙子

chéng zi

coconut

椰子

yē zi

lemon
柠檬
níng méng

mushroom
蘑菇
mó gu

corn
玉米
yù mǐ

tomato
西红柿
xī hóng shì

pumpkin

南瓜

nán guā

cucumber

黄瓜

huáng guā

carrot

胡萝卜

hú luó bo

potato

土豆

tǔ dòu

zucchini
西葫芦
xī hú lu

spinach
菠菜
bō cài

cauliflower
菜花
cài huā

egg
鸡蛋
jī dàn

plate

盘子

pán zi

spoon

勺子

sháo zi

knife

刀子

dāo zi

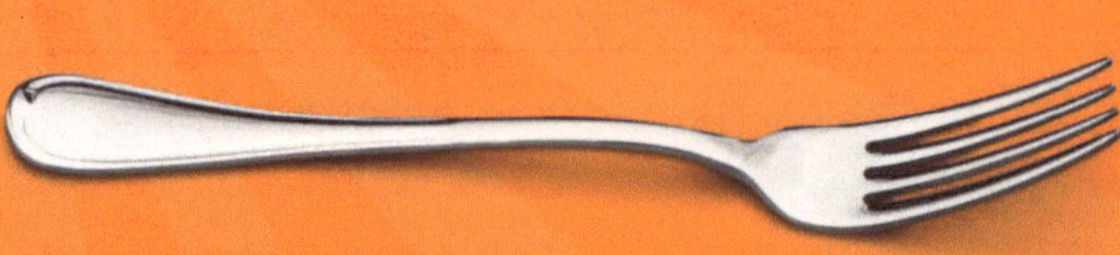

fork

叉子

chā zǐ

cake

蛋糕

dàn gāo

baby bottle

婴儿奶瓶

yīng ér nǎi píng

candies

糖果

táng guǒ

cheese

奶酪

nǎi lào

drink

喝

hē

eat

吃

chī

hot

热

rè

cold

冷

lěng

small

小

xiǎo

big

大

dà

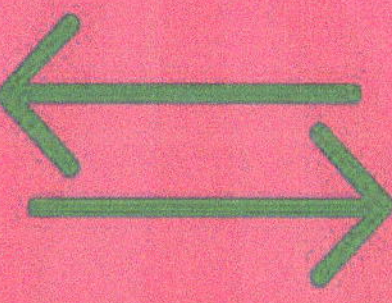

short

短

duǎn

long

长

zhǎng

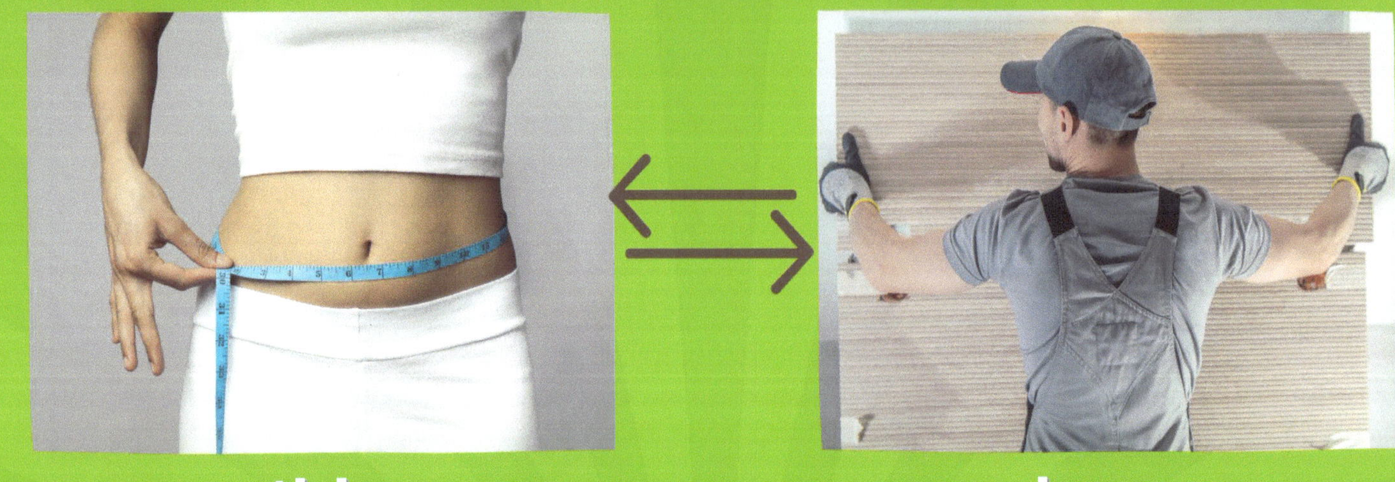

thin

薄

báo

large

大

dà

easy

容易

róng yì

difficult

困难

kùn nán

stand up
站立
zhàn lì

sit down
坐下
zuò xia

sweet
甜
tián

salty
咸
xián

heavy

重

zhòng

light

轻

qīng

in

里面

lǐ miàn

out

外面

wài miàn

dirty

脏

zàng

clean

干净

gān jìng

close

关

guān

open

打开

dǎ kāi

pencils

铅笔

qiān bǐ

clock

时钟

shí zhōng

key

钥匙

yào shi

book

书

shū

bed

床

chuáng

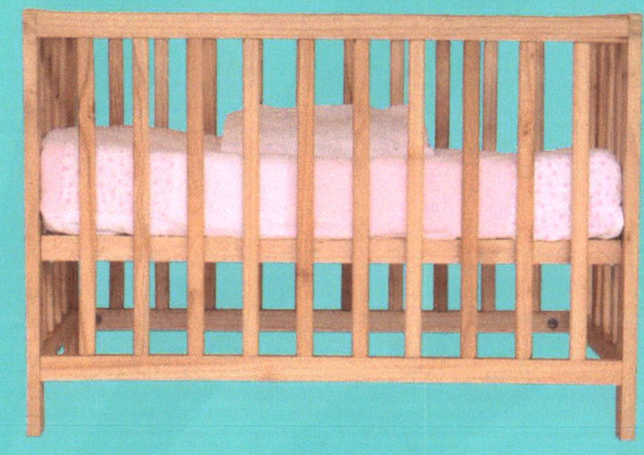

crib

婴儿床

yīng ér chuáng

table

桌子

zhuō zi

chair

椅子

yǐ zi

car

汽车

qì chē

bike

自行车

zì xíng chē

plane
飞机
fēi jī

boat
船
chuán

train
火车
huǒ chē

helicopter
直升机
zhí shēng jī

firetruck

消防车

xiāo fáng chē

firefighter

消防员

xiāo fáng yuán

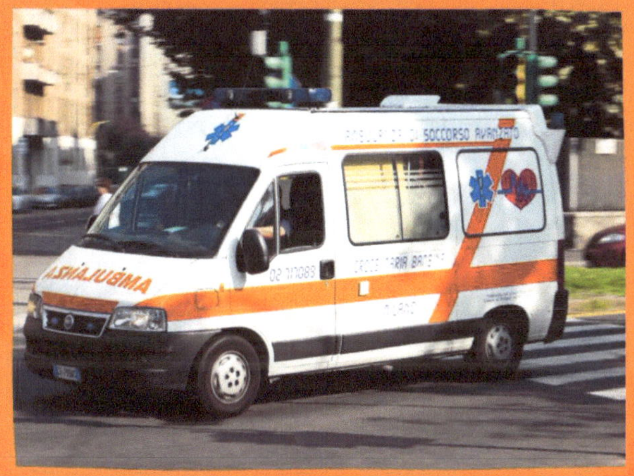

ambulance

救护车

jiù hù chē

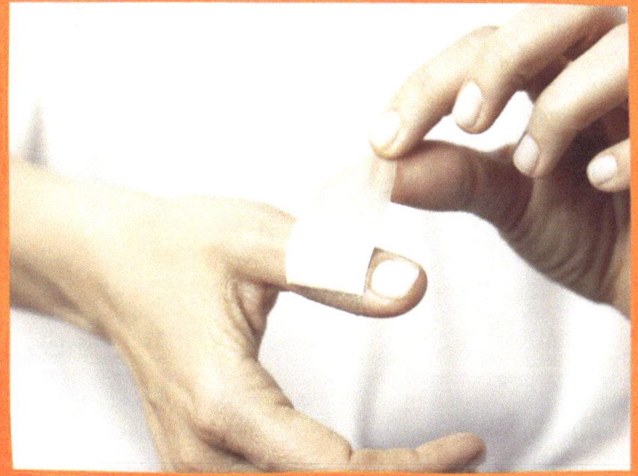

bandage

绷带

bēng dài

paramedic

急救医护人员

jí jiù yī hù rén yuán

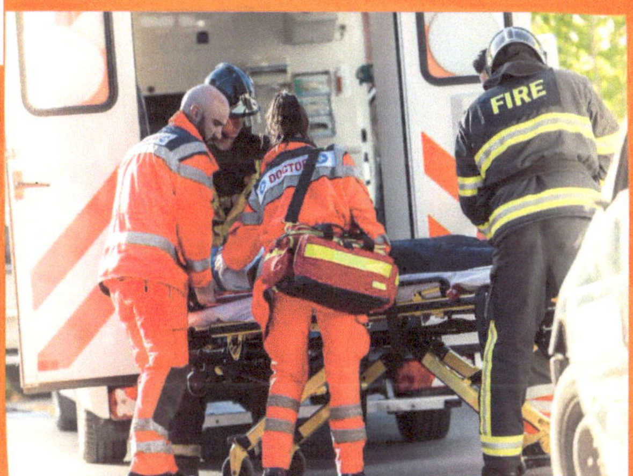

rescue team

救援队

jiù yuán duì

forest

森林

sēn lín

mountain

山

shān

grass

草

cǎo

sand

沙子

shā zi

tree

树

shù

flower

花

huā

butterfly

蝴蝶

hú dié

ant

蚂蚁

mǎ yǐ

cat

猫

māo

dog

狗

gǒu

horse

马

mǎ

mouse

老鼠

lǎo shǔ

cow

奶牛

nǎi niú

pig

猪

zhū

sheep

绵羊

mián yáng

duck

鸭子

yā zi

goose

鹅

é

rabbit

兔子

tù zi

fish

鱼

yú

vet

兽医

shòu yī

doctor

医生

yī shēng

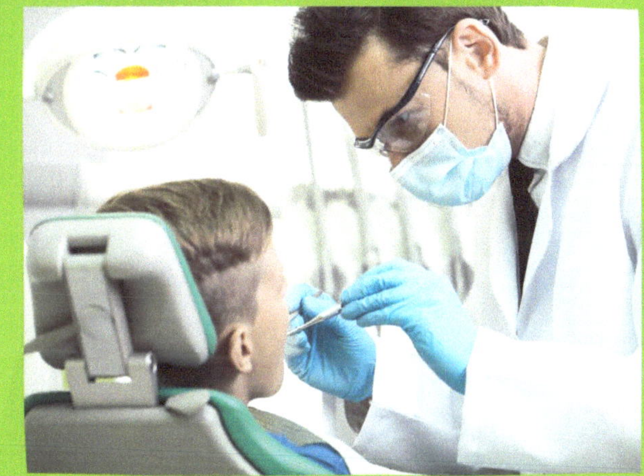

dentist

牙医

yá yī

pharmacist

药剂师

yào jì shī

nurse

护士

hù shi

head

头

tóu

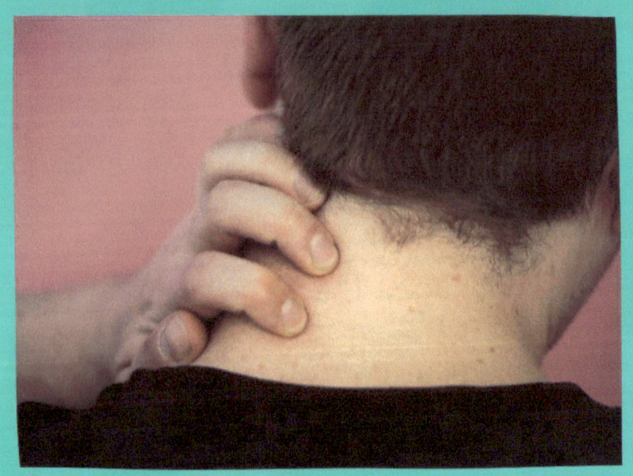

neck

脖子

bó zi

foot

脚

jiǎo

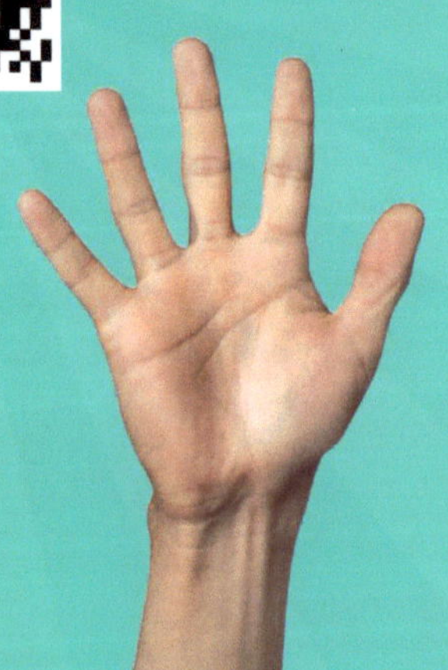

hand

手

shǒu

teeth

牙齿

yá chǐ

eye

眼睛

yǎn jing

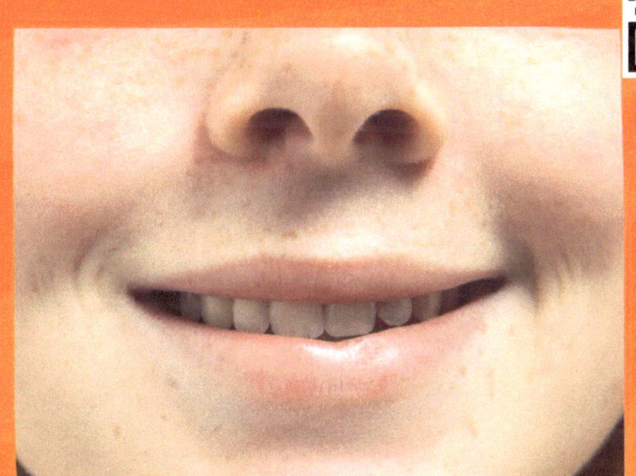

mouth

嘴

zuǐ

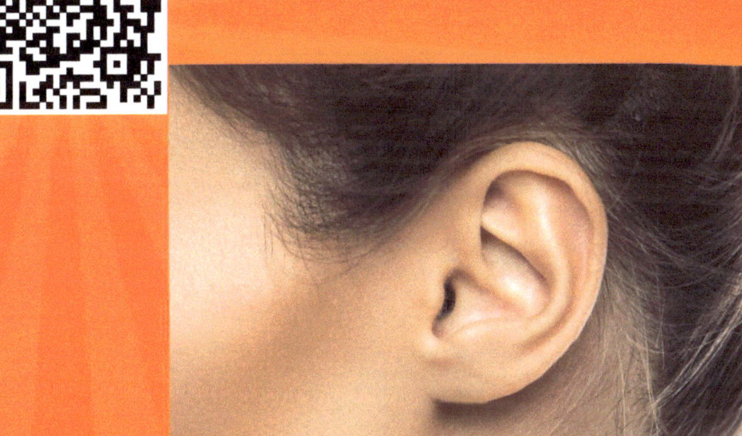

ear

耳朵

ěr duo

hat
帽子
mào zi

dress
连衣裙
lián yī qún

pants
裤子
kù zi

shoes
鞋子
xié zi

coat

外套

wài tào

scarf

围巾

wéi jīn

umbrella

雨伞

yǔ sǎn

glasses

眼镜

yǎn jìng

sun

太阳

tài yang

cloudy

阴天

yīn tiān

rainy

雨天

yǔ tiān

moon

月亮

yuè liang